NINJA CREAMI
Deluxe REZEPTBUCH

Über 100 leckere und einfache Rezepte

Für Eis, Sorbets, Milchshakes, Smoothie Bowls, Slushies
und mehr mit der Ninja Creami Deluxe

Impressum

Texte: Copyright Maike Wagner
Umschlaggestaltung: Copyright Maike Wagner
Bilder: Copyright Maike Wagner
1. Auflage, 2024

Alle Rechte vorbehalten. Kein Teil dieses Buchs darf ohne schriftliche Genehmigung des Verlags vervielfältigt oder übertragen werden.

Verlag: Maike Wagner, 37. Stock 1 Canada Square, London, England, E14 5AA

Liebe Schleckermäuler

Ob Eis, Sorbet oder Milkshakes – Leckereien bringen Freude und Erfrischung in unseren Alltag. Und wer kann nein zu einer leckeren Smoothie Bowl oder einem Slushie sagen?

In diesem Buch finden Sie eine bunte Auswahl meiner persönlichen Lieblingsrezepte mit der Ninja Creami Deluxe. Von klassischen Eissorten bis hin zu exotischen Smoothie Bowls und Slushies ist für jeden Geschmack etwas dabei. Dieses Buch ist das Ergebnis vieler Experimente und ich hoffe, Sie werden ebenfalls mit großer Freude ans Werk gehen.

Bei selbstgemachtem Eis wissen Sie genau welche Zutaten verwendet wurden und Sie können die Rezepte nach Ihrem persönlichen Geschmack anpassen. Etwas süßer, weniger süß, vegan oder mit Proteinpulver – die Möglichkeiten sind grenzenlos.

Egal, ob Sie Anfänger sind oder schon Erfahrung mit der Ninja Creami Deluxe haben, dieses Buch bietet eine breite Palette an Rezepten und wertvollen Tipps, damit jeder Versuch gelingt. Ich wünsche Ihnen viel Freude mit den Rezepten!

Ein besonderes Dankeschön an alle, die mich beim Schreiben dieses Buches unterstützt haben – mit Ideen, Rückmeldungen und dem gemeinsamen Genießen.

Herzlichst,
Maike Wagner

Gut zu wissen...

1. Die Rezepte in diesem Buch sind für die **Ninja Creami Deluxe**. Falls Sie sich mit Ninja Creami Liebhabern austauschen, die die „kleine" Ninja Creami haben, ist das allerdings kein Problem. Für die kleine Ninja Creami einfach gegebenenfalls die Mengenangaben durch 1,4 teilen.

2. Bei manchen Zutaten kann es vorkommen, dass die Masse nach einmaligem Rühren mit der Ninja Creami (z.B. mit der ICE CREAM, GELATO, SORBET Funktion, je nach Rezept) noch ein wenig zu krümelig ist. Für eine cremigere Konsistenz einfach mit der **RE-SPIN** Funktion nochmals **cremig rühren**.

3. Nach Belieben kann beim RE-SPIN ein Schuß Milch, Saft oder Sahne hinzugefügt werden. Bei vielen Rezepten ist die **zusätzliche Flüssigkeit** jedoch nicht notwendig. Alleiniges Rühren auf RE-SPIN reicht oftmals völlig aus.

4. Bei allen Rezepten - und vor allem bei Slushies - empfiehlt es sich, den Creami Behälter ca. **10-15 Minuten antauen** zu lassen, bevor die Masse verarbeitet wird. So vermeiden Sie Eiskristalle am Rand des Creami Behälters and erhalten eine gleichmäßige Konsistenz.

5. Der Einfachheit halber sind **Eis und Gelato**, und **Sorbets, Sherbets und Light Ice Cream** in zwei Kapiteln zusammengefasst. Falls unklar ist um welche Art es sich handelt, bitte einfach die relevante Creami Funktion aus dem jeweiligen Rezept ablesen.

6. Und zu guter Letzt - ich hoffe dieses Rezeptbuch lädt zum Experimentieren ein. Bitte beachten Sie bei allen Kreationen jedoch die Grundregeln der Ninja Creami Eismaschine: Bitte verarbeiten Sie **1) KEINE Eiswürfel**, und **2) KEINE harten, losen Zutaten**. Tiefgefrorene Beeren zum Beispiel können verwendet werden wenn sie zusammen mit Flüssigkeit im Behälter eingefroren werden oder separat püriert wurden (wie in den jeweiligen Rezepten beschrieben).

Inhaltsverzeichnis

Vorwort 3
Gut zu wissen 5

Eis & Gelato 13

Vanilleeis 15
Vanille-Karamell Eis 15
Vanille-Espresso Eis 15
Stracciatella Eis 15
Frozen Joghurt Vanille 15
Schokoladeneis 17
Veganes Schokoladeneis 17
Schokoladen-Himbeer Eis 17
Erdbeer Eis 19
Erdbeer-Swirl Eis 19
Himbeer Eis 19
Pfirsich Eis 19
Mandarinen Eis 19
Pistazien Eis 21
Ananas Eis 21
Pina Colada Eis 21
Einfaches Kaffee Eis 23
Monte Eis 23
Heidelbeer Protein Eis 25
Himbeer-Kokosnuss Protein Eis 25
Apfel-Zimt Eis 27
Zitronen-Buttermilch Eis 27
Schwarzes Eis 29
Brombeer Eis mit griechischem Joghurt 29
Himbeer Eis mit griechischem Joghurt 29
Tiramisu Eis 31
Klassisches Tiramisu Eis mit Amaretto 31
Minze-Schoko Eis 33
Keks Eis 33

Karottenkuchen Eis	35
Erdbeer-Käsekuchen Eis	35
Karotten-Ingwer Eis	35

Sorbets, Sherbets und Light Ice Cream ... 37

Granatapfel Sorbet	39
Schokoladen Sorbet	39
Sorbet mit Zitrone, Limette und Pfefferminze	41
Limoncello Sorbet	41
Kokosnuss Sorbet	43
Heidelbeer-Kokosnuss Sorbet	43
Einfaches Ananas Sorbet	45
Ombre Sorbet mit Pfirsichen, Ananas und Himbeeren	45
Einfaches Himbeer Sherbet	47
Pfirsich Sorbet	47
Einfaches Zitronen Sorbet	49
Mandarinen Sherbet	49
Kiwi-Limetten Sorbet	51
Birnen Sorbet mit Zimt	51
Mango-Maracuja Sorbet	53
Mango Sorbet	53

Smoothie Bowls ... 55

Smoothie Bowl mit Waldbeeren und Banane	57
Kokosnuss Smoothie Bowl	59
Kokosnuss-Limetten Smoothie Bowl	59
Extra cremige Erdbeer-Bowl	61
Mango-Ananas Smoothie Bowl	63
Grüne Smoothie Bowl	65
Wassermelonen Smoothie Bowl	67
Erdnussbutter-Bananen Smoothie Bowl	69
Kaffee Smoothie Bowl	69
Kirsch Smoothie Bowl	71
Blaue Smoothie Bowl	73
Papaya Smoothie Bowl	75

Schokoladen-Haselnuss Smoothie Bowl 77

Milchshakes **79**
Vanille Milchshake 81
Vanille Milchshake mit Ahornsirup und Walnüssen 81
Salted Caramel Milchshake 81
Erdbeer Milchshake 83
Himbeer Milchshake 83
Kirsch Milchshake 83
Schoko-Bananen-Milchshake 85
Schoko-Milchshake 85
Schoko-Chili-Milchshake 85
Schoko-Minz-Milchshake 85
Schoko-Orangen-Milchshake 85
Matcha Milchshake 87
Pistazien Milchshake 87
Kokosnuss Milchshake 87
Pina Colada Milchshake 87
Bananen Milchshake mit Zimt 89
Karamell-Apfel Milchshake 89
Erdnussbutter Milchshake 89
Keks Milchshake, z.B. mit Oreo Cookies 91
Kaffee Milchshake 91
Mango Milchshake 93
Pfirsich Milchshake 93
Heidelbeer Milchshake 93
Red Velvet Milchshake 95
Schwarzwälder Kirsch Milchshake 95
Heidelbeer-Käsekuchen Milchshake 95
Zitronen Milchshake 97
Key Lime Pie Milchshake 97
Lemon Meringue Milchshake 97

Slushies **99**
Wassermelonen Slushie 101

Lemon Slushie – Light 101
Honigmelonen-Gurken Slushie 103
Erdbeer-Rhabarber Slushie 103
Heidelbeer-Pfirsich Slushie 105
Heidelbeer-Kokosnuss Slushie 105
Aperol Spritz Slush 107
Grapefruit Gin Slushie 107
Ananas Slushie 109
Ananas Slushie mit Weißwein 109
Frozen Paloma 109

Schlussworte 111
Rechtliche Hinweise 112

Und los geht's...

Eis Genuss

UND GELATO REZEPTE

Vanilleeis

ZUTATEN

- 350ml Milch
- 200ml Sahne
- Mark 1 ½ Vanilleschote
- 60g Zucker
- 1 Prise Salz
- Frische Früchte zum Garnieren

ZUBEREITUNG

1. Die Milch mit dem Zucker und der Vanille kurz aufkochen, dann die Sahne und das Salz unterrühren.
2. Wenn abgekühlt, die Vanillemasse in den Creami Behälter geben und für 24 Stunden einfrieren.
3. Einmal die ICE CREAM Taste drücken.
4. Einmal die RE-SPIN Taste drücken.
5. Mit frischen Früchten garnieren.

Vanille-Karamell Eis

ZUTATEN - zusätzlich 2-3 Esslöffel Karamellsauce und 4-5 Esslöffel Sahne-Karamellstückchen

Stracciatella Eis

ZUTATEN - zusätzlich 4-5 gehäufte Esslöffel geraspelte Zartbitterschokolade

Vanille-Espresso Eis

ZUTATEN - zusätzlich 1-2 Espresso oder 3 gehäufte Esslöffel Instant-Kaffeepulver

ZUBEREITUNG: Die Varianten wie oben beschrieben zubereiten (für das Vanille-Karamell Eis die Sahne-Karamellstücke erst nach dem Abkühlen untermischen) und je nach Belieben garnieren.

Frozen Joghurt Vanille (ohne Aufkochen)

ZUTATEN – im Vanilleeis Rezept oben 350ml Milch und 200ml Sahne mit 350g Vollmilchnaturjoghurt (oder Doppelrahm) und 200ml Milch ersetzen. Alle Zutaten in den Creami Behälter geben, durchrühren, für 24 Stunden einfrieren und einmal die GELATO Taste und einmal die RE-SPIN Taste drücken.

Schokoladeneis

ZUTATEN

- 425ml Milch
- 75ml Sahne
- 70g Zucker
- 4 EL Kakaopulver
- Gehobelte Mandeln, Schokoraspeln und Schoko-Tropfen zum Garnieren

ZUBEREITUNG

1. Milch, Sahne, Zucker und Kakaopulver separat mixen, in den Creami Behälter geben und für 24 Stunden einfrieren.
2. Einmal die ICE CREAM Taste drücken.
3. Die Schokoraspeln oder Schoko-Tropfen in die Mitte der Masse geben und einmal die MIX-IN Taste drücken.
4. Mit Schokoraspeln oder Schoko-Tropfen garnieren.

Veganes Schokoladeneis

ZUTATEN

- 3 reife Bananen
- 425ml vegane Milch, z.B. Sojamilch
- 40g Zucker
- 3-4 EL Kakaopulver
- Frische Früchte zum Garnieren

Schokoladen-Himbeer Eis

ZUTATEN

- 300g frische Himbeeren
- 325ml Milch
- 75ml Sahne
- 50g Zucker
- 3-4 EL Kakaopulver

ZUBEREITUNG für beide Varianten

1. Die Zutaten separat mixen, in den Creami Behälter geben und für 24 Stunden einfrieren.
2. Einmal die ICE CREAM Taste drücken.
3. Die RE-SPIN Taste drücken damit das Eis noch cremiger wird.
4. Je nach Belieben garnieren, z.B. mit frischen Himbeeren.

Erdbeer Eis

ZUTATEN

- 320g frische Erdbeeren
- 280ml Sahne
- 35ml Milch
- 70g Zucker
- 1 - 2 TL Honig
- 1 -2 TL Zitronensaft

ZUBEREITUNG

1. Die Erdbeeren entweder separat pürieren oder in den Creami Behälter geben und grob mit einer Gabel zerdrücken.
2. Die restlichen Zutaten hinzufügen, gut umrühren bis sich der Zucker auflöst und für 24 Stunden einfrieren.
3. Einmal die ICE CREAM Taste drücken.
4. Mit frischen Früchten garnieren.

TIPP: Für eine vegane Variante einfach die Milch und Sahne mit z.B. Soja-Produkten ersetzen.

Erdbeer-Swirl Eis

ZUTATEN wie oben, jedoch ca. die Hälfe der Erdbeeren separat pürieren und das Erdbeermus erst nach dem Einfrieren (und vor dem Drücken der ICE CREAM Taste) in den Creami Behälter schichten.

Lust auf Fruchteis mit anderen Früchten, das schnell und einfach zuzubereiten ist? Das Rezept oben kann super für z.B.

Himbeer Eis   **Pfirsich Eis**   und   **Mandarinen Eis**

abgewandelt werden. Dazu einfach die 320g frische Erdbeeren mit anderen Früchten ersetzen. Viel Spaß!

Pistazien Eis

ZUTATEN

- 150g Pistazien (ohne Schale, ungesalzen), für das Eis und zum Garnieren
- 275ml Milch
- 275ml Sahne
- 70g Zucker

ZUBEREITUNG

1. Pistazien separat in einem Mixer zerkleinern.
2. Zusammen mit der Milch und dem Zucker in einem Topf kurz erhitzen – aber nicht zum Kochen bringen.
3. Die abgekühlte Masse in den Creami Behälter geben, die Sahne hinzufügen, gut umrühren und für 24 Stunden einfrieren.
4. Einmal die ICE CREAM Taste drücken.
5. Mit den restlichen gehakten Pistazien garnieren und genießen.

Ananas Eis

ZUTATEN

- 1 Dose Ananas
- 350ml Ananassaft
- 100ml Kokosnussmilch
- 2 EL Kokosflocken zum Garnieren

ZUBEREITUNG

1. Die Ananas, bis auf eine Scheibe oder ein paar Stücke zum Garnieren, in den Creami Behälter geben.
2. Den Ananassaft und die Kokosnussmilch hinzufügen, durchrühren und für 24 Stunden einfrieren.
3. Einmal die LIGHT ICE CREAM Taste drücken.
4. Das Eis mit der beiseite gelegten Ananas und Kokosflocken garnieren.

Pina Colada Eis Zum Ananaseis oben einfach Rum hinzufügen. Mengenverhältnis je nach Belieben, z.B. 100ml Rum, 275ml Ananassaft und 75ml Kokosnussmilch.

Einfaches Kaffee Eis

ZUTATEN

- 275ml gezuckerte Kondensmilch
- 350ml Schlagsahne
- 1-2 doppelte Espresso, oder 4 EL Instant Kaffeepulver

ZUBEREITUNG

1. Alle Zutaten in den Creami Behälter geben, gut umrühren und für 24 Stunden einfrieren.
2. Einmal die ICE CREAM Taste drücken.
3. Einmal die RE-SPIN Taste drücken.
4. Je nach Belieben garnieren und frisch genießen.

Eis aus Pudding

Monte Eis

ZUTATEN

- 1 ½ große Becher Monte (600g)

ZUBEREITUNG

1. Eineinhalb große Becher Monte in den Creami Behälter geben und für 24 Stunden einfrieren.
2. Einmal die GELATO Taste drücken.
3. Einmal die RE-SPIN Taste drücken.
4. Nach Belieben Garnieren und genießen.

Wunderbar cremig und schmeckt lecker nach Haselnuss!

Heidelbeer Protein Eis

ZUTATEN

- 320g frische Heidelbeeren, für das Eis und zum Garnieren
- 70ml Wasser
- 40g Vanille Proteinpulver
- 225g Naturjoghurt

ZUBEREITUNG

1. Die Heidelbeeren separat pürieren oder in den Creami Behälter geben und grob mit einer Gabel zerdrücken.
2. Das Proteinpulver im Wasser auflösen und in den Creami Behälter hinzufügen, den Joghurt hinzufügen, umrühren und für 24 Stunden einfrieren.
3. Einmal die ICE CREAM Taste drücken.
4. Mit frischen Heidelbeeren garnieren.

Himbeer-Kokosnuss Protein Eis

ZUTATEN

- 320g Himbeeren (frisch oder tiefgekühlt)
- 70ml Wasser
- 40g Vanille Proteinpulver
- 225g Naturjoghurt
- 2 EL Kokosraspeln

ZUBEREITUNG

1. Die Himbeeren separat pürieren und dann in den Creami Behälter geben.
2. Das Proteinpulver im Wasser auflösen und in den Creami Behälter hinzufügen, den Joghurt hinzufügen, umrühren und für 24 Stunden einfrieren.
3. Einmal die ICE CREAM Taste drücken.
4. Mit frischen Beeren garnieren.

Apfel-Zimt Eis

ZUTATEN

- 400g Apfelmus
- 200g Naturjoghurt
- 100ml Sahne (optional, für extra cremigen Geschmack)
- 2-3 EL Honig
- Schale einer Zitrone
- 1-2 TL Zimt, für das Eis und zum Garnieren

ZUBEREITUNG

1. Alle Zutaten in den Creami Behälter geben, gut durchrühren und für 24 Stunden einfrieren.
2. Einmal die ICE CREAM Taste drücken.
3. Je nach Belieben mit Zimt garnieren.

Zitronen-Buttermilch Eis

ZUTATEN

- 450ml Zitronenbuttermilch
- ¾ Becher Crème Fraîche
- Schale einer Zitrone
- Honig je nach Geschmack, z.B. 3 EL

ZUBEREITUNG

1. Alle Zutaten in den Creami Behälter geben, gut durchrühren und für 24 Stunden einfrieren.
2. Einmal die ICE CREAM Taste drücken.
3. Einmal die RE-SPIN Taste drücken.
4. Je nach Belieben mit Zimt garnieren.

TIPP: Mit Honig kann auch noch später nachgesüßt werden, z.B. vor dem Re-Spin.

Schwarzes Eis

ZUTATEN

- 4 Bananen
- 350ml Kokosnussmilch
- 70ml Guavensaft
- 3 EL Aktivkohlen-Pulver

ZUBEREITUNG

(1) Die Bananen in Stücke schneiden, in den Creami Behälter geben und mit einer Gabel grob zerdrücken.

(2) Die restlichen Zutaten hinzufügen, gut umrühren und für 24 Stunden einfrieren.

(3) Einmal die ICE CREAM Taste drücken und frisch genießen.

Brombeer Eis mit griechischem Joghurt

ZUTATEN

- 320g frische Brombeeren
- 275g griechischer Joghurt
- 70ml Milch
- 50g Puderzucker

ZUBEREITUNG

(1) Die Brombeeren entweder in einem separaten Behälter pürieren oder in den Creami Behälter geben und mit einer Gabel grob zerdrücken.

(2) Die restlichen Zutaten hinzufügen, gut umrühren und für 24 Stunden einfrieren.

(3) Einmal die ICE CREAM Taste drücken.

(4) Mit frischen Brombeeren garnieren und genießen.

Himbeer Eis mit griechischem Joghurt

Anstelle der Brombeeren einfach Himbeeren verwenden. Wenn die Himbeeren schön reif sind, schmeckt das Eis auch ohne Zucker wunderbar.

Tiramisu Eis

ZUTATEN

- 250ml Milch
- 200ml Sahne
- 150g Frischkäse
- 1 EL Instant Kaffeepulver
- 1 EL Kakaopulver
- Mark einer halben Vanilleschote
- 40g Zucker

- Löffelbiskuit
- 1 EL Instant Kaffeepulver
- 1 EL Kakaopulver

ZUBEREITUNG

1. Die Zutaten in der linken Zutatenspalte in den Creami Behälter geben, gut durchrühren und für 24 Stunden einfrieren.
2. Einmal die ICE CREAM Taste drücken (und einmal RE-SPIN nach Belieben damit das Eis noch cremiger wird).
3. Den Boden einer flachen Schale mit Löffelbiskuit auslegen.
4. Den zweiten Teelöffel Kaffeepulver mit ein wenig Wasser auflösen und wenn abgekühlt über die Löffelbiskuits gießen.
5. Die mit Kaffee getränkten Löffelbiskuits in Stücke brechen.
6. Die Eiscreme auf den Löffelbiskuits verteilen, grob glattstreichen und dann grob mischen, sodass die Löffelbiskuit-Stücke in der Eiscreme verteilt werden.
7. Mit Kakaopulver garnieren und frisch servieren.

Klassisches Tiramisu Eis mit Amaretto

ZUTATEN wie oben und zusätzlich 75ml Amaretto.

Für die ZUBEREITUNG, die Löffelbiskuits mit Kaffee und dem zusätzlichen Amaretto tränken. Die restlichen Schritte sind wie beschrieben.

Minze-Schoko Eis

ZUTATEN

- 3 reife Bananen
- 2 Stängel frische Minze, für das Eis und zum Garnieren
- 350g Sojajoghurt
- Mark einer ¾ Vanilleschote
- 100g vegane Schokoraspeln oder Schokoladen-Tropfen
- Gegebenenfalls ein Schuss Sojamilch

ZUBEREITUNG

1. Die Bananen in Scheiben schneiden, in den Creami Behälter geben und mit einer Gabel grob zerdrücken.
2. Die Minzblätter separat pürieren oder in kleine Stückchen schneiden und dann zur Bananenmasse hinzufügen.
3. Die restlichen Zutaten hinzufügen, gut umrühren und für 24 Stunden einfrieren.
4. Einmal die ICE CREAM Taste drücken.
5. Mit frischen Minzblättern garnieren.

Keks Eis

ZUTATEN

- 400ml Milch (1.5% Fett)
- 70g Zucker
- 150ml Schlagsahne
- Mark einer ¾ Vanilleschote
- 4 Chocolate Chip Cookies

ZUBEREITUNG

1. Die Milch mit dem Zucker erhitzen und wieder abkühlen lassen.
2. Abgekühlt in den Creami Behälter geben, die Schlagsahne und Vanille hinzufügen, gut umrühren und für 24 Stunden einfrieren.
3. Einmal die ICE CREAM Taste drücken.
4. Die Chocolate Chip Cookies in Stücke brechen, in die Mitte der Masse geben und dann einmal die MIX-IN Taste drücken.
5. Mit Chocolate Chip Cookie Stückchen garnieren und frisch servieren.

Karottenkuchen Eis

ZUTATEN

- 200g Vanille-Joghurt
- 300ml Milch
- Mark einer ¾ Vanilleschote
- 1 großes Stück Karottenkuchen

ZUBEREITUNG

1. Den Joghurt, die Milch und die Vanille in den Creami Behälter geben, umrühren und für 24 Stunden einfrieren.
2. Einmal die ICE CREAM Taste drücken.
3. Den Karottenkuchen in Stücke brechen und in der Mitte der Masse, bis auf ein kleines Stück zum Garnieren, hinzufügen.
4. Einmal die MIX-IN Taste drücken.
5. Das Eis mit dem zur Seite gestellten Karottenkuchen garnieren.

Eine leckere Variante- **Erdbeer-Käsekuchen Eis.**

Einfach wie oben mit einem Stück Käsekuchen und zusätzlich 70g frischen Erdbeeren zubereiten. Eine dekadente Mischung aus Eis und Dessert!

Karotten-Ingwer Eis

ZUTATEN

- 375g frische Karotten
- 225ml Orangensaft
- 75ml Milch
- Ein ca. walnussgroßes Stück Ingwer
- Saft einer Zitrone
- 2-3 EL Honig

ZUBEREITUNG

1. Die Karotten schälen und in den Creami Behälter raspeln.
2. Den Orangensaft und die Milch hinzufügen, den Ingwer reiben und ebenfalls hinzufügen, gut umrühren und für 24 Stunden einfrieren.
3. Einmal die GELATO Taste drücken und frisch genießen.

Sorbets

INKLUSIVE SHERBETS UND LIGHT ICE CREAM

Granatapfel Sorbet

ZUTATEN

- 500ml Granatapfelsaft
- 70ml Apfelsaft
- 100g Zucker
- Frischer Granatapfel zum Garnieren

ZUBEREITUNG

1. Den Granatapfelsaft, Apfelsaft und Zucker kurz aufkochen und wieder abkühlen lassen.
2. Abgekühlt in den Creami Behälter geben und für 24 Stunden einfrieren.
3. Einmal die SORBET Taste drücken.
4. Gegebenenfalls einmal die RE-SPIN Taste drücken.
5. Mit frischem Granatapfel garnieren– und genießen!

Schokoladen Sorbet

ZUTATEN

- 425ml Wasser
- 100g Zucker
- 40g Kakaopulver
- 125g Zartbitterschokolade
- Schokoraspeln zum Garnieren

ZUBEREITUNG

1. Wasser und Zucker aufkochen, das Zuckerwasser über die Zartbitterschokolade gießen und auflösen lassen.
2. Den Kakao in die Masse einrühren und abkühlen lassen.
3. Die Kakaomasse in den Creami Behälter geben und für 24 Stunden einfrieren.
4. Einmal die SORBET Taste drücken.
5. Gegebenenfalls einmal die RE-SPIN Taste drücken.
6. Garnieren und frisch genießen.

Sorbet mit Zitrone, Limette und Pfefferminze

ZUTATEN

- 450ml Wasser
- 150g Zucker
- Saft von 4 Zitronen
- Saft von 4 Limetten
- Pfefferminzblätter

ZUBEREITUNG

1. Wasser und Zucker aufkochen und das Zuckerwasser abkühlen lassen.
2. Das Zuckerwasser in den Creami Behälter geben und den Zitronen- und Limettensaft hinzufügen.
3. Pfefferminzblätter grob hacken und hinzufügen, gut durchrühren und für 24 Stunden einfrieren.
4. Einmal die SORBET Taste drücken.
5. Gegebenenfalls einmal die RE-SPIN Taste drücken.
6. Garnieren und frisch genießen.

Limoncello Sorbet

ZUTATEN

- 350ml Wasser
- 100g Zucker
- 1 ½ Zitronen
- 175ml Limoncello

ZUBEREITUNG

1. Wasser und Zucker aufkochen und die geriebene Schale von eineinhalb Zitronen untermischen.
2. Das abgekühlte Zuckerwasser durch ein Sieb in den Creami Behälter gießen, sodass die Zitronenschale herausgefiltert wird.
3. Saft der Zitronen und den Limoncello hinzufügen, gut durchrühren und für 24 Stunden einfrieren.
4. Einmal die SORBET Taste drücken.
5. Gegebenenfalls einmal die RE-SPIN Taste drücken.
6. Garnieren und frisch genießen.

Kokosnuss Sorbet

ZUTATEN

- 500ml Kokosnussmilch
- 100g Zucker
- Saft einer Limette
- Mark einer halben Vanilleschote
- Kokosraspeln zum Garnieren

ZUBEREITUNG

1. Die Kokosnussmilch und den Zucker kurz aufkochen und abkühlen lassen.
2. Abgekühlt mit den restlichen Zutaten in den Creami Behälter geben, durchrühren und für 24 Stunden einfrieren.
3. Einmal die SORBET Taste drücken.
4. Gegebenenfalls einmal die RE-SPIN Taste drücken.
5. Mit Kokosraspeln garnieren und frisch genießen.

Heidelbeer-Kokosnuss Sorbet

ZUTATEN

- 450g frische Heidelbeeren
- 200ml Kokosnusswasser
- 3-4 Datteln je nach Belieben
- 3 EL Kokosraspeln

ZUBEREITUNG

1. Die Heidelbeeren in den Creami Behälter geben, das Kokosnusswasser, die Datteln und 2 Esslöffel Kokosraspeln hinzufügen, gut durchrühren und für 24 Stunden einfrieren.
2. Einmal die SORBET Taste drücken.
3. Gegebenenfalls einmal die RE-SPIN Taste drücken.
4. Mit den restlichen Kokosraspeln garnieren und frisch genießen.

Einfaches Ananas Sorbet

Nur 1 Zutat

ZUTATEN

- 1 ½ Dosen Ananas

ZUBEREITUNG

1. Den gesamten Doseninhalt (Ananas und Saft) in den Creami Behälter geben und für 24 Stunden einfrieren.
2. Einmal die SORBET Taste drücken.
3. Falls noch zu krümelig, einmal die RE-SPIN Taste drücken.

Für eine Alternative mit frischen Früchten einfach ca. 325g frische Ananasstücke mit 350ml Ananassaft einfrieren und wie oben zubereiten. Mit frischer Ananas ist das Sorbet fruchtiger, aber weniger süß.

Ombre Sorbet mit Pfirsichen, Ananas und Himbeeren

ZUTATEN

- 150g Pfirsiche
- 150g Ananas
- 200g Himbeeren
- 3 TL Honig
- 80ml Wasser

ZUBEREITUNG

1. Die Pfirsiche und die Ananas zusammen mit einem Teelöffel Honig und 40ml Wasser in den Creami Behälter geben und mit einer Gabel grob zerdrücken.
2. Die Himbeeren in einen separaten Behälter geben und mit einem Teelöffel Honig und 40ml Wasser mit einer Gabel grob zerdrücken. Dann die Himbeermasse als neue Schicht in den Creami Behälter geben und für 24 Stunden einfrieren.
3. Einmal die SORBET Taste drücken.
4. Gegebenenfalls einmal die RE-SPIN Taste drücken.

TIPP: Der Ombre-Effekt entsteht, wenn man die Pfirsich-Ananas-Masse und die Himbeer-Masse wie beschrieben in den Creami Behälter schichtet.

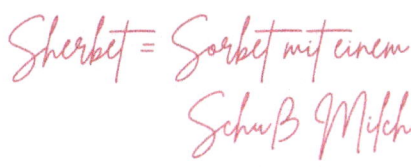
Sherbet = Sorbet mit einem Schuß Milch

Einfaches Himbeer Sherbet

ZUTATEN

- 350g Himbeeren
- 250ml Wasser
- 75ml Milch
- 1-2 EL Honig

ZUBEREITUNG

1. Die Himbeeren in den Creami Behälter geben (ggf. ein paar Himbeeren zur Seite stellen um das Sherbet später zu garnieren).
2. Das Wasser, die Milch und den Honig hinzufügen und für 24 Stunden einfrieren.
3. Einmal die SORBET Taste drücken.
4. Einmal die RE-SPIN Taste drücken.
5. Mit den zur Seite gestellten Himbeeren garnieren und frisch genießen.

Pfirsich Sorbet

ZUTATEN

- 4-5 reife Pfirsiche, je nach Größe
- 350ml Pfirsichsaft
- 30ml Ahornsirup

ZUBEREITUNG

1. Die Pfirsiche in Stücke schneiden, in den Creami Behälter geben und mit einer Gabel grob zerdrücken.
2. Den Pfirsichsaft und den Ahornsirup hinzufügen, gut durchrühren und für 24 Stunden einfrieren.
3. Einmal die SORBET Taste drücken.
4. Gegebenenfalls einmal die RE-SPIN Taste drücken.
5. Garnieren und frisch genießen.

TIPP: Wer es süß mag, kann das Rezept auch mit Pfirsichen aus der Dose zubereiten. Dann ist das Sorbet deutlich süßer (und ein wenig cremiger).

Einfaches Zitronen Sorbet

ZUTATEN

- 350ml Wasser
- 150g Zucker
- 5 Zitronen

ZUBEREITUNG

1. Wasser und Zucker aufkochen und das Zuckerwasser abkühlen lassen.
2. Zitronen entsaften und den Zitronensaft in den Cream Behälter geben.
3. Das Zuckerwasser hinzufügen, gut durchrühren und für 24 Stunden einfrieren.
4. Einmal die SORBET Taste drücken.
5. Gegebenenfalls einmal die RE-SPIN Taste drücken.
6. Garnieren und frisch genießen.

TIPP: Das Zitronensorbet lässt sich gut mit anderen Fruchtsorbets oder -sherbets kombinieren, z.B. wie im Foto mit dem Mandarinen Sherbet unten.

Mandarinen Sherbet

ZUTATEN

- Mandarinen aus der Dose (Abtropfgewicht ca. 300g)
- 250ml Guaven-Saft
- 75ml Milch

ZUBEREITUNG

1. Die Mandarinen in den Creami Behälter geben (ggf. ein paar Mandarinen zur Seite stellen um das Sherbet später zu garnieren).
2. Den Guaven-Saft und die Milch hinzufügen und für 24 Stunden einfrieren.
3. Einmal die SORBET Taste drücken.
4. Einmal die RE-SPIN Taste drücken.
5. Garnieren, z.B. mit Mandarinen, und frisch genießen.

Kiwi-Limetten Sorbet

ZUTATEN

- 350ml Wasser
- 150g Zucker
- 4 reife Kiwis
- 1 ½ Limetten

ZUBEREITUNG

1. Das Wasser mit dem Zucker aufkochen und dann wieder abkühlen lassen.
2. Die Kiwis schälen, in Stücke schneiden, in den Creami Behälter geben und mit einer Gabel grob zerdrücken.
3. Das Zuckerwasser und den Saft von eineinhalb Limetten hinzufügen, gut durchrühren und für 24 Stunden einfrieren.
4. Einmal die SORBET Taste drücken.
5. Gegebenenfalls einmal die RE-SPIN Taste drücken.
6. Garnieren und frisch genießen.

Birnen Sorbet mit Zimt

ZUTATEN

- 200ml Wasser
- 50g Zucker
- 450g süße Birnen
- 1-2 EL Zitronensaft
- Mark einer halben Vanilleschote
- Zimt zum Garnieren

ZUBEREITUNG

1. Das Wasser mit dem Zucker aufkochen und dann wieder abkühlen lassen.
2. Die Birnen in Stücke schneiden, separat pürieren und in den Creami Behälter geben.
3. Das abgekühlte Zuckerwasser, den Zitronensaft und das Vanille-Mark hinzufügen, gut durchrühren und für 24 Stunden einfrieren.
4. Einmal die SORBET Taste drücken.
5. Gegebenenfalls einmal die RE-SPIN Taste drücken.
6. Mit Zimt garnieren und frisch genießen.

Mango-Maracuja Sorbet

ZUTATEN

- Ca. 350g frische Mango
- 2-3 Maracujas
- Saft einer Limette
- 1 EL Honig
- 75ml Wasser

ZUBEREITUNG

1. Mangos schälen, grob in Stücke schneiden und pürieren, dann in den Creami Behälter geben.
2. Maracujas, den Saft einer Limette und den Honig hinzufügen.
3. 50ml Wasser hinzugeben, gut umrühren und für 24 Stunden einfrieren.
4. Einmal die SORBET Taste drücken.
5. Einmal die RE-SPIN Taste drücken.
6. Garnieren, z.B. mit einer halben Maracuja, und frisch genießen.

Mango Sorbet

ZUTATEN

- Ca. 500g frische Mango
- Saft 1 Limette
- 3 TL Honig
- 75ml Wasser

ZUBEREITUNG

1. Mangos schälen, grob in Stücke schneiden und pürieren, dann in den Creami Behälter geben.
2. Den Saft einer Limette und den Honig hinzufügen, gut umrühren.
3. 50ml Wasser hinzugeben und für 24 Stunden einfrieren.
4. Einmal die SORBET Taste drücken.
5. Einmal die RE-SPIN Taste drücken.
6. Garnieren und frisch servieren!

Smoothie Bowl mit Waldbeeren und Banane

ZUTATEN

- 1 reife Banane
- Ca. 100g frische Waldbeeren
- ½ Becher Naturjoghurt
- Ca. 50ml Milch
- 2 EL Honig

- Waldbeeren, Bananenscheiben und z.B. Chiasamen zum Garnieren

ZUBEREITUNG

1. Die Bananen in den Creami Behälter geben und mit einer Gabel grob zerdrücken (zum Verzieren der Smoothie Bowl nach Belieben ein paar Scheiben zur Seite stellen).
2. Die restlichen Zutaten hinzufügen. Gut durchrühren und für 24 Stunden einfrieren.
3. Einmal die SORBET Taste drücken.
4. Falls die Konsistenz noch ein wenig krümelig ist, einmal die RE-SPIN Taste drücken.
5. Garnieren – und frisch genießen!

Falls Sie Rezepte mit Ninja Creami Liebhabern austauschen, die die „kleine" **Ninja Creami** haben –

Anstelle der SORBET und RE-SPIN Taste bei der kleinen Ninja Creami einfach einmal die SMOOTHIE BOWL Taste drücken. Das hat denselben Effekt und kann auch genauso bei den nachfolgenden Rezepten angewendet werden.

Kokosnuss Smoothie Bowl

ZUTATEN

- 2 reife Bananen
- Ca. 75g Ananas (frisch oder aus der Dose)
- 125ml Kokosnussmilch
- 2 EL Honig
- 2 EL Kokosraspeln
- Zum Garnieren z.B. Mango, Bananenscheiben, Heidelbeeren, Chiasamen, grob gehakte Haselnüsse

ZUBEREITUNG

1. Die Bananen in den Creami Behälter geben und mit einer Gabel zerdrücken.
2. Die restlichen Zutaten hinzufügen. Gut durchrühren und für 24 Stunden einfrieren.
3. Einmal die SORBET Taste drücken.
4. Einmal die RE-SPIN Taste drücken.
5. Garnieren und genießen!

Kokosnuss-Limetten Smoothie Bowl

ZUTATEN wie für die Kokosnuss Smoothie Bowl oben und zusätzlich:

- 2 TL geriebene Limettenschale
- 1 EL Limettensaft
- Eine Hand voll frischer Spinat – optional, für eine klasse Farbe und zusätzliche Nährstoffe
- Zum Garnieren zusätzlich Limettenscheiben

ZUBEREITUNG wie die Kokosnuss Smoothie Bowl oben.

... mit Avocado?!

Extra cremige Erdbeer-Bowl

ZUTATEN

- Ca. 100g frische Erdbeeren
- 1 reife Banane
- ½ Avocado
- 125ml Milch

- Frische Früchte zum Garnieren

ZUBEREITUNG

1. Die Erdbeeren und die Banane in einem Mixer pürieren und in den Creami Behälter geben.
2. Die restlichen Zutaten hinzufügen. Gut durchrühren und für 24 Stunden einfrieren.
3. Einmal die SORBET Taste drücken.
4. Einmal die RE-SPIN Taste drücken.
5. Verzieren, z.B. wie hier mit Erdbeeren, Heidelbeeren, Brombeeren, und Haferflocken, und fertig ist die extra cremige Erdbeer-Bowl!

TIPP: Anstelle von Avocado kann auch Naturjoghurt verwendet werden.

Persönlich kann ich Avocado jedoch nur empfehlen. Avocados enthalten viele wichtige Nährstoffe und tragen zu einer ausgewogenen Ernährung bei.

Mango-Ananas Smoothie Bowl

ZUTATEN

- Ca. 100g frische Mango
- Ca. 50g Ananas (frisch oder aus der Dose)
- 150g Joghurt (griechischer Art oder normaler Naturjoghurt)
- Gegebenenfalls ein Schuß Milch

- Zum Garnieren z.B. Mango, Heidelbeeren und Granola

ZUBEREITUNG

1. Das Obst in Stücke schneiden und in den Creami Behälter geben.
2. Den Joghurt hinzufügen, durchrühren und für 24 Stunden einfrieren.
3. Einmal die SORBET Taste drücken.
4. Falls die Konsistenz zu fest ist, einen Schuss Milch hinzufügen und ein bis zwei Mal die RE-SPIN Taste drücken.
5. Verzieren und frisch servieren.

TIPP: Keine frische Mango zur Hand?

Kein Problem. In manchen Supermärkten werden auch gefrorene Mangostücke angeboten (z.B. Edeka). Gefrorene Mangostücke separat pürieren und mit den anderen Zutaten in der Ninja Creami verarbeiten.

Ein nochmaliges Einfrieren ist dann nicht mehr notwendig.

Grüne Smoothie Bowl

ZUTATEN

- 1 ½ Bananen
- ½ Nektarine
- ½ Becher Natur- oder ungesüßter Kokosnussjoghurt
- Ca. 50ml Milch
- 1 ½ TL grünes Spirulina-Pulver

- Frische Früchte zum Garnieren z.B. Nektarinen-Stücke, Goji-Beeren, Kürbiskerne und Chiasamen

ZUBEREITUNG

1. Die Bananen in den Creami Behälter geben und mit einer Gabel grob zerdrücken.
2. Eine Nektarine in Stücke schneiden und ca. die Hälfte hinzugeben – die andere Hälfte zum Garnieren zur Seite stellen.
3. Den Joghurt, die Milch und das Spirulina-Pulver hinzufügen, gut umrühren und für 24 Stunden einfrieren.
4. Einmal die SORBET Taste drücken.
5. Einmal die RE-SPIN Taste drücken.
6. Verzieren und frisch servieren.

TIPP: Auch sehr lecker mit einer Prise Cayennepfeffer!

Wassermelonen Smoothie Bowl

ZUTATEN

- Ein großes Stück Wassermelone
- 1 reife Banane
- Ca. 50g Kopra, das weiße, aromatisch schmeckende Fruchtfleisch der Kokosnuss

- Zum Garnieren z.B. Wassermelone, Granola und weiße Drachenfrucht

ZUBEREITUNG

1. Die Banane in den Creami Behälter geben und mit einer Gabel grob zerdrücken.
2. Die Wassermelone in kleinere Stücke schneiden und mit der Kopra hinzufügen, mischen und für 24 Stunden einfrieren.
3. Einmal die SORBET Taste drücken.
4. Einmal die RE-SPIN Taste drücken.
5. Verzieren und frisch servieren.

TIPP: Wassermelone lässt sich auch sehr gut einfrieren damit die nächsten Smoothie Bowls noch schneller gehen!

Dazu einfach Wassermelone grob in Stücke schneiden, einfrieren und dann zur Verarbeitung in der Ninja Creami separat pürieren. Oder gefroren in den Creami Behälter geben, die restlichen Zutaten hinzufügen und nach 24 Stunden die gefrorene Masse wie gewohnt verarbeiten.

Erdnussbutter-Bananen Smoothie Bowl

ZUTATEN

- 2 reife Bananen
- 125ml Milch (normal oder z.B. mit Vanillegeschmack)
- 3 EL Erdnussbutter
- 2 EL Kakaopulver
- 1 EL Chiasamen
- Mark einer ¼ Vanilleschote
- Zum Garnieren z.B. Bananenscheiben, Granola und Erdnüsse

ZUBEREITUNG

1. Die Bananen in den Creami Behälter geben und mit einer Gabel grob zerdrücken.
2. Die restlichen Zutaten hinzufügen. Gut durchrühren und für 24 Stunden einfrieren.
3. Einmal die SORBET Taste drücken.
4. Einmal die RE-SPIN Taste drücken.
5. Verzieren, z.B. wie hier mit Bananenscheiben, Granola und Erdnüssen.

Kaffee Smoothie Bowl

ZUTATEN

- 1 reife Banane
- Doppelter Espresso
- 125ml Milch
- 1 EL Nussbutter nach Belieben
- Mark einer ¼ Vanilleschote
- Zum Garnieren z.B. Bananenscheiben, Haferflocken und Zartbitter-Schokoladenraspeln

ZUBEREITUNG wie oben – einfach lecker!

Kirsch Smoothie Bowl

ZUTATEN

- Ca. 100g frische Kirschen
- 1 – 1 ½ reife Bananen
- 150ml Kokosnusswasser

- Zum Garnieren z.B. ein paar frische Kirschen, Kokosnussflocken, Mandeln, Schokoraspeln und Chiasamen

ZUBEREITUNG

1. Die Kirschen entsteinen, mit den Banane/n in einem Mixer pürieren und in den Creami Behälter geben.
2. Das Kokosnusswasser hinzufügen, durchrühren und für 24 Stunden einfrieren.
3. Einmal die SORBET Taste drücken.
4. Einmal die RE-SPIN Taste drücken.
5. Garnieren und frisch servieren.

TIPP: Das Rezept kann auch gut mit tiefgefrorenen Sauerkirschen zubereitet werden! Dazu einfach die tiefgefrorenen Sauerkirschen mit einem Mixer pürieren, in den Creami Behälter geben, mit den restlichen Zutaten vermischen, und dann einmal die SORBET und einmal die RE-SPIN Taste drücken.

Mit tiefgefrorenen Sauerkirschen, oder anderen tiefgefrorenen Früchten, ist kein weiteres Einfrieren mehr nötig.

Blaue Smoothie Bowl

ZUTATEN

- 3 Bananen
- 2 TL blaues Spirulina Pulver
- 150ml Milch

ZUBEREITUNG

1. Die Bananen in den Creami Behälter geben und mit einer Gabel grob zerdrücken.
2. Das Spirulina Pulver hinzufügen und umrühren.
3. Wenn die Masse gut vermischt ist, die Milch unterrühren und für 24 Stunden einfrieren.
4. Einmal die SORBET Taste drücken.
5. Einmal die RE-SPIN Taste drücken.
6. Garnieren, z.B. wie hier mit Heidelbeeren, Erdbeeren, Granola und einem Klecks Naturjoghurt.

TIPP: Das Rezept kann auch wunderbar mit veganer Milch zubereitet werden, z.B. mit Hafer oder Kokosnuss für einen leicht süßlichen Geschmack.

Wussten Sie?

Blaues Spirulina Pulver wird aus der Spirulina Alge gewonnen.

Die Blaualge soll das Immunsystem stärken, Allergien lindern, beim Abnehmen helfen und ist eine tolle Quelle für Proteine, Vitamine und Mineralien.

Papaya Smoothie Bowl

ZUTATEN

- Ca. 150g reife Papaya
- 100g Naturjoghurt
- 50ml Limettensaft
- 1 TL Haferflocken
- 1 TL Nussbutter, z.B. Erdnuss- oder Mandelbutter
- Frische Früchte, Haferflocken und z.B. Kürbiskerne zum Garnieren

ZUBEREITUNG

1. Die Papaya in Stücke schneiden und in den Creami Behälter geben.
2. Die restlichen Zutaten hinzufügen, durchrühren und für 24 Stunden einfrieren.
3. Einmal die SORBET Taste drücken.
4. Einmal die RE-SPIN Taste drücken.
5. Verzieren, z.B. wie hier mit frischer Papaya, Himbeeren, Kirschen, Cranberries, Haferflocken und Kürbiskernen.

Wussten Sie?

Papaya ist voller Vitamin C – 100g frische Papaya enthalten ca. 70% des empfohlenen Tagesbedarfs!

Schokoladen-Haselnuss Smoothie Bowl

ZUTATEN

- 2 reife Bananen
- 50g gemahlene Haselnüsse
- 1 TL Kakaopulver
- 125ml Milch
- 3 entsteinte Datteln (optional)
- 2 EL Schokoladenraspeln
- Zum Garnieren z.B. Bananenscheiben, Erdnüsse, Zartbitter Schokoladentropfen, Kakaopulver, gehackte Pistazien

ZUBEREITUNG

1. Die Bananen in den Creami Behälter geben und mit einer Gabel zerdrücken.
2. Die restlichen Zutaten hinzufügen (die Datteln am besten vorher klein schneiden). Gut durchrühren und für 24 Stunden einfrieren.
3. Einmal die SORBET Taste drücken.
4. Einmal die RE-SPIN Taste drücken.
5. Verzieren und genießen.

TIPP für Protein-Fans: Für eine noch cremigere Konsistenz können Sie zusätzlich mit Ihrem Lieblingsproteinpulver experimentieren.

Ein Messlöffel (ca. 20-25g) genügt mit den meisten Produkten um eine leckere Variante zu kreieren.

Milchshakes

SCHNELL ZUZUBEREITEN UND EINFACH LECKER

Die Klassiker

Vanille Milchshake

ZUTATEN

- 3 Kugeln Vanilleeis (ca. 240g)
- 350ml Milch
- Mark einer Vanilleschote
- Schlagsahne zum Garnieren

ZUBEREITUNG

1. Die Zutaten in den Creami Behälter geben.
2. Einmal die MILCHSHAKE Taste drücken.
3. Mit einer Sahnehaube garnieren und frisch servieren.

Vanille Milchshake mit Ahornsirup und Walnüssen

ZUTATEN

- 3 Kugeln Vanilleeis (ca. 240g)
- 350ml Milch
- 3 EL Ahornsirup
- 3 EL gehackte Walnüsse

Salted Caramel Milchshake

ZUTATEN

- 3 Kugeln Vanilleeis (ca. 240g)
- 350ml Milch
- 3 EL gesalzene Karamellsauce für den Shake
- Extra Karamellsauce zum Garnieren je nach Belieben

ZUBEREITUNG: Für beide Shakes die Zutaten in den Creami Behälter geben, einmal die MILCHSHAKE Taste drücken und garnieren.

TIPP: Für den Salted Caramel Milchshake die Karamellsauce in einer kreisenden Bewegungen im Glas verteilen und dann den Milchshake eingießen – sieht super aus!

Erdbeer Milchshake

ZUTATEN

- 100g frische Erdbeeren
- 3 Kugeln Erdbeereis (ca. 240g)
- 250ml Milch
- Erdbeeren und Schokoraspeln zum Garnieren

ZUBEREITUNG

1. Die Erdbeeren separat pürieren und in den Creami Behälter geben.
2. Die restlichen Zutaten hinzufügen.
3. Einmal die MILCHSHAKE Taste drücken.
4. Garnieren und frisch genießen!

Himbeer Milchshake

ZUTATEN

- 100g frische Himbeeren
- 3 Kugeln Himbeereis (ca. 240g)
- 350ml Milch
- Himbeeren und weiße Schokoraspeln zum Garnieren

Kirsch Milchshake

ZUTATEN

- 100g frische, entsteinte Kirschen
- 3 Kugeln Kirsch- oder Vanilleeis (ca. 240g)
- 350ml Milch
- Kirschen und Schokoraspeln zum Garnieren

ZUBEREITUNG: Beide Milchshake Varianten wie den Erdbeer Milchshake oben beschrieben zubereiten.

Schoko-Bananen-Milchshake

ZUTATEN

- 1-2 reife Bananen
- 3 Kugeln Schokoladeneis (ca. 240g)
- 350ml Milch
- Bananenscheiben und Schokoraspeln zum Garnieren

ZUBEREITUNG

1. Die Banane/n in Stücke schneiden, in den Creami Behälter geben und mit einer Gabel grob zerdrücken.
2. Die restlichen Zutaten hinzufügen.
3. Einmal die MILCHSHAKE Taste drücken.
4. Garnieren und frisch genießen!

- Wunderbar schokoladige Variationen -

Schoko-Milchshake

Anstelle der Banane ein Esslöffel Kakaopulver verwenden und wie oben verarbeiten.

Schoko-Chili-Milchshake

Mit 350ml Milch, 3 Kugeln Schokoladeneis, einem Esslöffel Kakaopulver und einer Prise Cayennepfeffer wie oben beschrieben zubereiten.

Schoko-Minz-Milchshake

Mit 3 Kugeln Minz-Schokoladeneis, 350ml Milch und einem Esslöffel Minzextrakt (oder frischen Minzblättern) wie oben beschrieben zubereiten.

Schoko-Orangen-Milchshake

Mit 275ml Milch (Hafermilch schmeckt sehr lecker in dieser Variation), 3 Kugeln Schokoladeneis oder -sorbet und einem Esslöffel Orangenschale wie oben beschrieben zubereiten.

Matcha Milchshake

ZUTATEN

- 3 Kugeln Vanilleeis (ca. 240g)
- 350ml Milch
- 1-2 EL Matcha-Pulver
- Schlagsahne zum Garnieren

ZUBEREITUNG

(1) Die Zutaten in den Creami Behälter geben.
(2) Einmal die MILCHSHAKE Taste drücken.
(3) Mit einer Sahnehaube garnieren und frisch servieren.

Pistazien Milchshake

ZUTATEN

- 3 Kugeln Pistazieneis (ca. 240g)
- 350ml Milch
- 3 EL gehackte Pistazien
- Schlagsahne zum Garnieren

Kokosnuss Milchshake

ZUTATEN

- 3 Kugeln Kokosnusseis (ca. 240g)
- 350ml Kokosnussmilch
- 2 EL Kokosraspeln

ZUBEREITUNG: Für beide Shakes die Zutaten in den Creami Behälter geben und einmal die MILCHSHAKE Taste drücken. Ein voller Genuß in kurzer Zeit!

TIPP: Lust auf einen **Pina Colada Milchshake** ?

Bereiten Sie das Kokosnuss-Milchshake Rezept einfach zusätzlich mit 70-100g Ananas (separat püriert) und einem großzügigen Schuß Rum zu!

Bananen Milchshake mit Zimt

ZUTATEN

- 2 reife Bananen
- 3 Kugeln Vanilleeis (ca. 240g)
- 350ml Milch
- 1 EL Zimt

ZUBEREITUNG

1. Die Bananen in Stücke schneiden (ein paar Bananenscheiben zur Seite stellen um den Shake zu verzieren), in den Creami Behälter geben und mit einer Gabel grob zerdrücken.
2. Die restlichen Zutaten hinzufügen.
3. Einmal die MILCHSHAKE Taste drücken.
4. Garnieren und frisch servieren.

TIPP: Für eine vegane Variante bietet sich (veganes) Vanilleeis und Kokosmilch an – herrlich exotisch!

Karamell-Apfel Milchshake

ZUTATEN

- 3 Kugeln Vanilleeis (ca. 240g)
- 70g Apfelmus
- 350ml Milch
- 3 EL Karamellsauce

Erdnussbutter Milchshake

ZUTATEN

- 3 Kugeln Vanilleeis (ca. 240g)
- 350ml Milch
- 3 EL Erdnussbutter

ZUBEREITUNG: Für beide Shakes alle Zutaten in den Creami Behälter geben und einmal die MILCHSHAKE Taste drücken.

Keks Milchshake, z.B. mit Oreo Cookies

ZUTATEN

- 3 Kugeln Vanilleeis (ca. 240g)
- 350ml Milch
- 5 Oreo Cookies für den Shake
- Je nach Belieben mehr Cookies und Schlagsahne zum Verzieren

ZUBEREITUNG

1. Die Kekse zerbröseln und in den Creami Behälter geben.
2. Die restlichen Zutaten hinzufügen.
3. Einmal die MILCHSHAKE Taste drücken.
4. Garnieren und frisch servieren.

Kaffee Milchshake

ZUTATEN

- 3 Kugeln Kaffee-Eis (ca. 240g)
- 350ml Milch
- 1 EL Instant Kaffeepulver
- Je nach Belieben Schlagsahne und Schokoraspeln zum Garnieren

ZUBEREITUNG

1. Alle Zutaten in den Creami Behälter geben.
2. Einmal die MILCHSHAKE Taste drücken.
3. Garnieren und frisch servieren.

TIPP: Eine ebenfalls leckere Kaffee-Variante kann mit 3 Kugeln Vanilleeis, 350ml Milch und einem doppelten Espresso zubereitet werden.

Mango Milchshake

ZUTATEN

- 100g frische oder tiefgefrorene Mango
- 3 Kugeln Mango- oder Vanilleeis (ca. 240g)
- 350ml Milch
- Mangostücke und z.B. Minzblätter zum Garnieren

ZUBEREITUNG

1. Die Mango separat pürieren und in den Creami Behälter geben.
2. Die restlichen Zutaten hinzufügen.
3. Einmal die MILCHSHAKE Taste drücken.
4. Garnieren und frisch genießen!

TIPP: Feinschmecker blanchieren frische Mango vor der Anwendung, um einen etwas leicht säuerlichen Geschmack zu vermeiden.

Pfirsich Milchshake

ZUTATEN

- 100g frische oder tiefgefrorene Pfirsiche
- 3 Kugeln Pfirsich- oder Vanilleeis (ca. 240g)
- 350ml Milch
- Pfirsichstücke zum Garnieren

Heidelbeer Milchshake

ZUTATEN

- 100g frische oder tiefgefrorene Heidelbeeren
- 3 Kugeln Heidelbeer- oder Vanilleeis (ca. 240g)
- 350ml Milch
- Heidelbeeren und z.B. Schlagsahne zum Garnieren

ZUBEREITUNG: Beide Shakes wie den Mango Milchshake oben zubereiten.

Is it.... cake?!

Red Velvet Milchshake

ZUTATEN

- 3 Kugeln Vanilleeis (ca. 240g)
- 350ml Milch
- 3 TL Red Velvet Backmischung
- 1-2 TL Kakaopulver
- Mark einer halben Vanilleschote
- Rote Lebensmittelfarbe (optional, für eine noch intensivere Farbe)
- Schlagsahne und Red Velvet Kuchenstückchen zum Garnieren

ZUBEREITUNG

(1) Alle Zutaten in den Creami Behälter geben.
(2) Einmal die MILCHSHAKE Taste drücken.
(3) Garnieren und frisch genießen!

Schwarzwälder Kirsch Milchshake

ZUTATEN

- 75g entsteinte Kirschen (frisch oder tiefgefroren)
- 3 Kugeln Schokoladeneis (ca. 240g)
- 350ml Milch
- 2 EL Kirschlikör
- Kirschen und Schokoraspeln zum Garnieren

Heidelbeer-Käsekuchen Milchshake

ZUTATEN

- 75g frische oder gefrorene Heidelbeeren
- 3 Kugeln Vanilleeis (240g)
- 350ml Milch
- 1 Stück Käsekuchen (zerbröselt) zum Garnieren

ZUBEREITUNG: Für beide Shakes die Kirschen oder Heidelbeeren separat pürieren, in den Creami Behälter geben. Die restlichen Zutaten hinzufügen und einmal die MILCHSHAKE Taste drücken.

Zitronen Milchshake

ZUTATEN

- 3 Kugeln Zitronen- oder Vanilleeis (ca. 240g)
- 350ml Milch
- 1-2 TL geriebene Zitronenschale
- 1-2 EL Zitronensaft
- 1 EL Mohnsamen (optional)
- Zitronenscheiben zum Garnieren

ZUBEREITUNG

1. Die Zutaten in den Creami Behälter geben.
2. Einmal die MILCHSHAKE Taste drücken.
3. Garnieren und frisch servieren.

Key Lime Pie Milchshake

ZUTATEN

- 3 Kugeln Zitroneneis (ca. 240g)
- 325ml Milch
- 70ml Limettensaft
- 3 EL gezuckerte Kondensmilch
- 2-3 geriebene Limettenschalen
- 1-2 EL Zucker (optional)
- Zerbröselte Butterkekse, Schlagsahne und Limettenscheiben zum Garnieren

Lemon Meringue Milchshake

ZUTATEN

- 3 Kugeln Zitroneneis (ca. 240g)
- 325ml Milch
- 70ml Zitronensaft
- 1-2 EL Zucker (optional)
- Mark einer ¾ Vanilleschote
- Geriebene Zitronenschale, Schlagsahne und Zitronenscheiben zum Garnieren

ZUBEREITUNG: Für beide Shakes die Zutaten in den Creami Behälter geben, einmal die MILCHSHAKE Taste drücken, garnieren und frisch genießen.

TIPP: Falls Sie die Rezepte mit Zucker zubereiten möchten, am besten den Zucker erst in heißem Wasser auflösen und dann das Zuckerwasser in den Creami Behälter geben.

Slushies
MIT UND OHNE ALKOHOL

Wassermelonen Slushie

ZUTATEN

- Ein großes Stück Wassermelone
- 1 Limette
- 3 TL Honig
- 75ml Wasser
- Wassermelone und Minzblätter zum Garnieren

ZUBEREITUNG

1. Die Wassermelone in Stücke schneiden, den Limettensaft und Honig hinzufügen und mixen.
2. Die Masse in den Creami Behälter geben und für 24 Stunden einfrieren.
3. Einmal das SLUSHI Programm starten.
4. Garnieren und frisch servieren!

Lemon Slushie - Light

ZUTATEN

- 200ml Wasser mit Kohlensäure
- 250ml kalorienarme Zitronenlimonade
- Saft einer halben Zitrone
- Zitronenscheiben zum Garnieren

ZUBEREITUNG

1. Die Zutaten in den Creami Behälter geben und für 24 Stunden einfrieren.
2. Einmal das SLUSHI Programm starten.
3. Mit Zitronenscheiben garnieren und genießen – ideal für heiße Sommertage!

Honigmelonen-Gurken Slushie

ZUTATEN

- Ein großes Stück Honigmelone
- Ein Stück Gurke, ca. 75g
- 3 TL Honig
- 75ml Wasser
- Gurkenscheiben zum Garnieren

ZUBEREITUNG

1. Die Honigmelone und die Gurke in Stücke schneiden und entkernen, den Honig hinzufügen und mixen.
2. Die Masse in den Creami Behälter geben und für 24 Stunden einfrieren.
3. Einmal die SLUSHI Taste drücken.
4. Mit Gurkenscheiben garnieren und frisch servieren!

Erdbeer-Rhabarber Slushie

ZUTATEN

- 150g frischen Rhabarber
- 75g Erdbeeren
- 350ml Wasser mit Kohlensäure oder Zitronenlimonade
- Erdbeeren zum Garnieren

ZUBEREITUNG

1. Den Rhabarber waschen, abziehen und in breite Stücke schneiden, dann mit ein wenig Wasser aufkochen und zugedeckt bei mittlerer Hitze 10min köcheln lassen. Anschließend die Rhabarbermasse abkühlen lassen.
2. Die Zutaten in den Creami Behälter geben und für 24 Stunden einfrieren.
3. Einmal das SLUSHI Programm starten.
4. Den Slushie garnieren und frisch servieren.

Heidelbeer-Pfirsich Slushie

ZUTATEN

- 450ml Wasser mit Kohlensäure
- 100g Heidelbeeren
- 100g frische Pfirsiche
- Honig zum Süßen je nach Belieben
- Heidelbeeren zum Garnieren

ZUBEREITUNG

1. 225ml Wasser und die Heidelbeeren in einen Creami Behälter geben und für 24 Stunden einfrieren.
2. 225ml Wasser und Pfirsichstücke in einen separaten Creami Behälter geben und ebenfalls für 24 Stunden einfrieren.
3. Pro Behälter einmal das SLUSHI Programm starten.
4. Heidelbeer- und Pfirsich-Slushie abwechselnd schichten und garnieren.

Auch pur ein Genuss – für einen **Heidelbeer Slushie** oder einen **Pfirsich Slushie** einfach das Rezept mit 200g Heidelbeeren oder 200g Pfirsichen wiederholen.

Heidelbeer-Kokosnuss Slushie

ZUTATEN

- 350ml Kokosnusswasser
- 150g frische Heidelbeeren
- Saft einer ¾ Limette
- 75g Ananas (optional)

ZUBEREITUNG

1. Die Zutaten in den Creami Behälter geben und für 24 Stunden einfrieren.
2. Einmal das SLUSHI Programm starten.
3. Nach Belieben garnieren und frisch servieren.

Aperol Spritz Slush

ZUTATEN

- 150ml Aperol
- 150ml frisch gepresster Orangensaft
- 150ml Prosecco
- Orangenscheiben zum Garnieren

ZUBEREITUNG

1. Die Zutaten in den Creami Behälter geben und für 24 Stunden einfrieren.
2. Einmal das SLUSHI Programm starten.
3. Den Aperol Spritz Slush in Cocktail-Gläsern servieren und jeweils mit einer Orangenscheibe garnieren.

Grapefruit Gin Slushie

ZUTATEN

- 350ml Grapefruitsaft (frisch gepresst schmeckt am besten)
- 75ml Gin
- 70g Zucker
- Grapefruitscheiben zum Garnieren

ZUBEREITUNG

1. Den Grapefruitsaft in den Creami Behälter geben, gut durchrühren und für 24 Stunden einfrieren.
2. Einmal das SLUSHI Programm starten.
3. Den Gin hinzugeben, und einmal die RE-SPIN Taste drücken.
4. Jeweils mit einer Grapefruitscheibe garnieren und frisch servieren.

Ananas Slushie

ZUTATEN

- 350ml Ananassaft
- 75ml Wasser mit Kohlensäure
- 100g Ananas (frisch oder aus der Dose)
- Saft einer ½ Limette
- Ananas zum Garnieren

ZUBEREITUNG

1. Die Zutaten in den Creami Behälter geben und für 24 Stunden einfrieren.
2. Einmal das SLUSHI Programm starten, den Slushie mit Ananasstücken garnieren und frisch servieren.

Ananas Slushie mit Weißwein

Für eine Variante mit Alkohol, einfach das Wasser und 50ml des Ananassaftes im Rezept oben mit Weißwein ersetzen, und dann wie beschrieben verarbeiten.

Frozen Paloma

ZUTATEN

- 1 Grapefruit
- 75ml Bourbon Whiskey
- 1-2 TL Honig
- 350ml Grapefruit Limonade mit Kohlensäure
- Minzblätter und Grapefruitscheiben zum Garnieren

ZUBEREITUNG

1. Die Grapefruit schälen, in Stücke schneiden, mit den restlichen Zutaten in den Creami Behälter geben und für 24 Stunden einfrieren.
2. Einmal das SLUSHI Programm starten, garnieren und frisch servieren!

Vielen lieben Dank

Ich hoffe Sie hatten viel Spaß an den Rezepten und egal, ob Sie die Ninja Creami für Ihre Familie, Freunde oder für sich selbst in Einsatz nehmen, ich wünsche Ihnen weiterhin viel Vergnügen dabei.

Es freut mich sehr, dass Sie sich für dieses Rezeptbuch entschieden haben. Über eine **Bewertung auf Amazon** würde ich mich sehr freuen – so werden noch mehr Leser auf die Rezepte aufmerksam. Vielen lieben Dank.

Und falls Sie in Kontakt bleiben möchten – Scannen Sie gerne den QR Code links oder gehen Sie auf www.bit.ly/ninja_creami und tragen Sie dort Ihre Email-Adresse ein. Ich melde mich wenn es Neues zum Thema Ninja Creami gibt (Tipps und Tricks, Bonus-Rezepte, neue Rezeptbücher). Kein Spam, versprochen.

Viel Freude beim Ausprobieren und Kreieren!

Herzlichst,

Maike Wagner

Rechtlicher Hinweis

Die Rezepte in diesem Buch wurden speziell für die Ninja Creami Deluxe konzipiert und mit großer Sorgfalt zusammengestellt. Dennoch übernimmt der Verlag keine Haftung für die Richtigkeit, Vollständigkeit oder Aktualität der beschriebenen Rezepte, Anleitungen und sonstigen Inhalte.

Die Nutzung der Rezepte und Tipps erfolgt ausschließlich auf eigenes Risiko des Lesers. Für Schäden oder Verluste, die aus der Anwendung der Inhalte entstehen könnten, übernimmt der Verlag keine Verantwortung.

Markennamen und Warenzeichen sind Eigentum der jeweiligen Inhaber und werden im Rahmen dieses Buches nur redaktionell verwendet.

Der Verlag besitzt das Urheberrecht für dieses Buch. Jegliche Kopie, auch auszugsweise, ist nur mit schriftlicher Genehmigung des Verlags gestattet.

www.ingramcontent.com/pod-product-compliance
Lightning Source LLC
Chambersburg PA
CBHW070302230526
45470CB00002B/687